# Tuairimí

## Honor Mhic Giolla Chlaoin

D1637630

Cló Iar-Chonnachta
Indreabhán
Conamara

An chéad chló 2004
An dara cló 2006
© Cló Iar-Chonnachta 2004


ISBN 1 902420 66 7



**Dearadh clúdaigh:** Peter O'Toole
**Dearadh:** Foireann CIC

Ga        oilseachán
seo        hur ar aon
bh        unaithe ar
fhó        l roimh ré
ón bhfoilsitheoir.

**Clóchur:** Cló Iar-Chonnachta, Indreabhán, Conamara
**Teil:** 091-593307 **Facs:** 091-593362 **r-phost:** cic@iol.ie
**Priontáil:** Clódóirí Lurgan, Indreabhán, Conamara
**Teil:** 091-593251/593157

Do Mháirtín, Aedín, Peadar,
Isolde agus Róisín

# Clár

# RÉAMHRÁ

Múinim rang Gaeilge uair sa tseachtain. Bíonn sé
an-neamhfhoirmeálta. Is minic a chuirtear an
Modh Coinníollach nó an Chopail ar leataobh le
díospóireacht a bheith againn. Bíonn an plé
an-oscailte agus is iomaí cor a chuirtear sa
chomhrá*. Is ar an gcomhrá sin atá na sleachta sa
leabhar seo bunaithe. Ba bhreá liom mo bhuíochas
a ghabháil leis na foghlaimeoirí sa rang as an bplé
spreagúil* a bhíonn againn.

Mná is mó a bhíonn ag freastal ar* na ranganna.
Tá moladh tuillte ag na mná agus ag na fir sin óir is
tuismitheoirí le páistí óga iad an chuid is mó acu
agus ní bhíonn sé éasca gach duine a eagrú in am
chun dul amach chuig ranganna Gaeilge ar maidin.

---

comhrá – *conversation*
spreagúil – *lively*
freastal ar – *attend*

# Fir agus Mná Tí

Déarfadh na daoine a bhíonn i mbun páistí go lánaimseartha nach bhfuil post acu nó nach mbíonn siad ag obair i ndáiríre. Dá mbeadh post 'oifigiúil' acu, bheadh a lán buntáistí acu: am tosaithe agus am críochnaithe, mar shampla. Bheadh sos caife agus sos lóin acu agus bheadh an t-am acu a gcuid smaointe féin a bheith acu agus iad ag taisteal chuig an obair agus ar ais! D'fhéadfaidís culaith mhaith éadaigh a chaitheamh gan an baol a bheith ann go ndoirtfí bainne nó seacláid nó rud éigin níos measa orthu.

Labhraímis faoi thasc simplí ar nós na siopadóireachta. Má tá báibín agat caithfidh tú an oiread céanna trealaimh* a thabhairt leat is a thabharfá leat dá mbeifeá ag dul ar saoire, ar eagla na heagla: clúidíní*, buidéil, bibí, athrú éadaigh, cairrín* srl. Má tá duine nó beirt eile faoi bhun 5 bliana leat, caithfidh tú féachaint chuige go dtéann siad chuig an leithreas roimh ré agus go bhfuil cúpla bréagán leo.

---

trealamh – *equipment*
clúidíní – *nappies*
cairrín – *buggy*

Sa siopa caithfidh tú súil a choinneáil ar cibé duine acu atá in ann bogadh*. Tá sé an-éasca iad a chailleadh san ollmhargadh agus tá sé an-éasca teacht abhaile agus go leor rudaí i do mhála nár chuir tú féin ann. Ní ionann é agus dul ag siopadóireacht leat féin in aon chor.

Más cléireach bainc nó siopadóir tú nó má tá tú ag obair in oifig chánach bíonn ar dhaoine dul i scuaine* nó faigheann siad ticéad le huimhir agus pléitear leo* ina nduine agus ina nduine. Creid é nó ná creid, ní théann páistí i scuainí! Is iomaí máthair a smaoinigh gur chóir di a hainm a athrú nó dul i bhfolach ar feadh cúpla nóiméad.

Tá leabhar beag ann, *Five Minutes' Peace*, le Jill Murphy, ina ndéantar cur síos ar eilifint atá ag iarraidh cúig nóiméad saor ionas gur féidir léi folcadh* a bheith aici, ach níl sé chomh héasca sin – thaitneodh an leabhar seo le haon duine a chaitheann an-chuid ama le páistí. Is cuma cad a dhéanann tú, tagann siad ort luath nó mall – luath, de ghnáth!

A luaithe a théann tú isteach sa seomra folctha, bíonn fadhb phráinneach* éigin ag na páistí, nó

bogadh – *move*  folcadh – *to have a bath*
scuaine – *queue*  práinneach – *urgent*
pléitear leo – *they are dealt with*

fadhb a cheapann siadsan atá práinneach, ar aon nós. Nó má bhíonn sé de mhisneach agat an fón a fhreagairt bí cinnte de go mbeidh an-éileamh* ort láithreach.

Bhí mé ag smaoineamh ar chóras na n-uimhreacha a thabhairt isteach le plé leis na páistí ach níl mé róchinnte go n-oibreodh sé. Samhlaigh é:

'Tá mé ag déileáil le huimhir 3 anois' (bréagán briste).

Nó:

'Tá brón orm, a uimhir 6, caithfidh tú fanacht tamall sula féidir linn rud éigin a dhéanamh faoin bhfiacail sin.'

Ceann de na rudaí is deacra ná plé le páistí atá ag aoiseanna difriúla. D'fhéadfá bheith ag ní báibín fad is atá leanbh dhá bhliain d'aois ag dreapadh* suas ar na cófraí. Ansin isteach leis an chéad duine eile atá cúig bliana d'aois agus é ag caoineadh:

'Dúirt Máire liom ar scoil nach raibh mé go deas.'

Ansin thiocfadh an leaid is sine atá ocht mbliana d'aois isteach le ceist faoi litriú:

'Conas a litríonn tú *stegosaurus*, a Mham?'

Nó má thosaíonn siad ar chluiche, mar shampla

---

éileamh – *demand*
dreapadh – *climbing*

Monopoly nó Cluedo, bí cinnte de go gcloisfidh tú béicíl roimh i bhfad[*]:

'A Mham, ní thuigeann Dónall na rialacha!'

Nó:

'A Mham, níl sé cóir. Ní bhfuair mise seans, chuir Liam píosa i bhfolach . . .' Agus tosóidh na deora ag sileadh roimh i bhfad.

Is deas an rud é dul cois trá, gan dabht. Ach arís bíonn ort go leor trealaimh a thabhairt leat. Seachas na gnáthrudaí, caithfidh tú smaoineamh ar éadaí le haghaidh gach séasúir, deochanna, bia, malairt éadaigh, buicéid agus spáda, cultacha snámha, tuáillí, bandaí snámha srl. Ar ndóigh, bheadh sé chomh héasca céanna dul go dtí an Pol Thuaidh[*]. Nuair a shroichfidh tú an trá bí cinnte de go mbeidh ar dhuine amháin dul chuig an leithreas – a bheidh dúnta nó a mbeidh boladh chomh bréan[*] sin as nach rachfá isteach ann ar ór ná ar airgead.

Caitheann sibh cúpla uair an chloig ansin agus sibh préachta[*] leis an bhfuacht. Filleann sibh abhaile agus sibh dóite ag an ngrian in ainneoin[*] an fhuachta. A luaithe a shroicheann sibh an teach

roimh i bhfad – *before long*
bandaí snámha – *arm bands*
An Pol Thuaidh – *The North Pole*

bréan – *foul*
préachta – *perished*
in ainneoin – *despite*

tosaíonn an gháir chatha[*]: 'Tá ocras orainn!' Bíonn ort tosú ar an dinnéar, ag déanamh neamhairde[*] den bhéicíl, den screadaíl agus den ghol.

Is cinnte nach bhfuil an obair seo éasca ach tá sí taitneamhach. Mar a dúirt cara liom uair amháin:

'Seo comhairle duit – smaoinigh ar an mana, "Má oibríonn sé, déan é".'

Bhí an ceart aici. Bheadh gach duine againn níos fearr as dá ndéanfaimis neamhaird den chomhairle ar fad a thugann 'saineolaithe'[*] agus cairde dúinn agus dá ndéanfaimis an rud atá oiriúnach dár gclann féin. Tá a lán saineolaithe ann a mhaíonn go bhfuil a fhios acu go díreach cad atá ag teastáil ó do chuid páistí – ba chóir don duine seo dul a chodladh níos luaithe nó ba chóir don duine eile bheith ag caint faoin am seo nó ba chóir do dhuine eile fós níos mó ama a chaitheamh ag déanamh obair bhaile. Ná bac leo, cuimhnigh ar an mana 'Má oibríonn sé, déan é!' agus go n-éirí leat!

---

gáir chatha – *battle cry*
ag déanamh neamhairde – *ignoring*
saineolaithe – *experts*

# Obair Tí

Tá duine nó beirt sa rang Gaeilge a admhaíonn* nach bhfuil siad in ann slacht a choinneáil* ar an teach. Éiríonn leis an dream eile teach néata a *chruthú*. Ní hé nár mhaith linn go léir tithe glana néata a bheith againn ach níl a fhios againn conas é a dhéanamh. Caithfidh sé nár fhoghlaimíomar i gceart riamh.

Tugaimid tacaíocht* dá chéile. Bíonn comórtais* againn faoi cá mhéad leathphéire stocaí atá againn. An gcreidfeá go bhfuil duine nó beirt sa rang a fhéachann orainn amhail is* nach dtuigeann siad céard is stoca singil ann? Thug sé misneach dom le déanaí nuair a dúirt bean atá thar a bheith eagraithe i ngach gné eile dá saol go raibh go leor stocaí gan pháirtí* ina teach.

Sular rugadh an páiste is óige againne, bhí orm tréimhse* a chaitheamh san ospidéal agus bhí m'fhear céile bocht trína chéile ag iarraidh teacht ar phéirí stocaí do na páistí eile. Faoi dheireadh chuaigh sé chuig Penney's agus cheannaigh sé 24 péire stocaí!

---

admhaíonn – *admits*
slacht a choinneáil – *keep tidy*
cruthú – *create*
tacaíocht – *support*

comórtais – *competitions*
amhail is – *as if*
páirtí – *companion, pair*
tréimhse – *a while*

Taobh istigh de chúpla seachtain bhí an fhadhb chéanna againn arís.

Cuirimid péire stocaí isteach san inneall níocháin agus tagann stoca amháin nó trí cinn amach. Is ceann de rúin* mhóra an tsaoil é seo. Creideann bean amháin go bhfuil arracht* éigin ina chónaí san inneall níocháin. Tá seomra codlata againn anois nach bhfuil ann ach stocaí uaigneacha gan pháirtí. Bíonn deacrachtaí againn mar gheall air sin nuair a thagann cuairteoirí.

Ag trácht ar chuairteoirí, tá riail bheag amháin agam ina dtaobh: gan leithscéal a dhéanamh faoi staid an tí. Sin an mana* atá agam – go teoiriciúil, ar a laghad. Creidim go diongbháilte* nach mbaineann sé le haon duine eile conas a réitímid ár dteach féin. Ach tharla sé cúpla uair gur tháinig daoine gan choinne agus go raibh orm rith timpeall go tapa ag glanadh suas rompu.

Maidin Domhnaigh amháin bhí ar m'fhear céile imeacht go luath chun cuairteoir ó na Stáit Aontaithe a bhailiú ón aerfort. Is é an plean a bhí aige ná tiomáint timpeall leis an gcuairteoir go dtí go mbeadh an seomra réidh san óstán. Bhí mé féin

rúin – *secrets*
arracht – *monster*
mana – *motto*
diongbháilte – *firmly*

agus na páistí sínte* sa leaba agus muid ag baint an-taitneamh as maidin Domhnaigh gan aon rud le déanamh. Bhuail an fón. M'fhear céile a bhí ann:

'Haigh, táim ag glaoch chun a rá leat go bhfuil mé ag teacht le Kevin (ainm an chuairteora) mar tá sé ag iarraidh cithfholcadh a bheith aige.'

'CITHFHOLCADH?' a bhéic mé amhail is nach raibh an focal cloiste agam riamh. Léim mé amach as an leaba de phreab* agus tharraing mé orm mo chuid éadaigh. Ar an drochuair*, tá cónaí orainn gar don aerfort agus bhí a fhios agam nach raibh ach cúpla nóiméad agam chun bealach a ghlanadh ó dhoras an tí go dtí an seomra folctha.

Taobh istigh de leathnóiméad bhí gach duine ina shuí. Má bhí siad trína chéile* féin, ar a laghad bhí siad ina suí. Níor thuig na páistí bochta cad a bhí ar siúl agam in aon chor.

'A Mham, cén fáth a bhfuil tú ag cur fo-éadaí* sa chófra bia?' a d'fhiafraigh duine amháin.

'Ná bac leis an bhfáth. Cuir an clogad* sin áit éigin, sa chófra te,* nó áit ar bith!'

'An gcuirfidh mé na leabhair agus na maircéirí seo isteach sa chuisneoir, a Mham?'

---

sínte – *stretched*
preab – *start, bound*
ar an drochuair – *unfortunately*
rína chéile – *confused*

fo-éadaí – *underwear*
clogad – *helmet*
cófra te – *hot press*

'Cuir san oigheann iad, más mian leat, ach pioc suas iad, in ainm Dé!'

'A Mham, cén fáth a bhfuil tú ag doirteadh an oiread sin* Flash ar an urlár sa seomra folctha?'

'Ná bac leis an bhfáth agus caith na tuáillí sin an fhuinneog amach!'

'Iad go léir, a Mham?'

'Gach ceann acu.' Amach ar an bhfuinneog le thart ar dhá thuáille dhéag.

Amach leis an bhfolúsghlantóir*. Arís, an plean céanna: bealach ó dhoras an tí go dtí an seomra folctha. (Cén fáth nach raibh seomra folctha thíos staighre againn?)

Bhí na páistí ag dul i dtaithí ar an obair anois. Cuireadh ceist eile:

'An gcuirfimid caoi* ar na seomraí leapa, a Mham?'

Mar fhreagra bhéic mé go gruama*: 'Déan iarracht na doirse a dhúnadh.'

'A Mham, cén fáth a bhfuil tú ag éirí cantalach*? Cén fáth nach bhfuilimid fós sínte sa leaba?'

'Ná bac leis an bhfáth . . . Cuir roinnt éadaigh ort féin . . . Cad é sin?'

---

| | |
|---|---|
| an oiread sin – *so much* | gruama – *grimly* |
| folúsghlantóir – *vacuum cleaner* | cantalach – *grumpy* |
| caoi a chur ar – *to tidy up* | |

Ansin tháinig na focail go glan soiléir ón bhfear faire*:

**'Tá siad ag teacht!'**

Tar éis dom na páistí (a bpitseámaí fós orthu) a bhrú* isteach i seomra amháin, rinne mé iarracht gáire a dhéanamh agus d'oscail mé an doras.

Cheapfá gur Lá na nAmadán a bhí ann mar sheas an bheirt acu ar leac* an dorais agus d'oscail m'fhear céile a bhéal:

'Haigh. Emm . . . nílimid ag teacht isteach.'

Faoin am seo bhí an gáire beagnach reoite* ar m'aghaidh.

'Cad atá tú ag iarraidh a rá?' arsa mise, ag iarraidh a bheith dea-mhúinte*.

'Bhuel,' arsa m'fhear céile, 'd'fhiafraigh mé de an raibh sé ceanúil ar mhadraí agus dúirt sé go bhfuil ailléirge air agus nach bhféadfadh sé dul isteach in aon teach ina bhfuil madra nó cat nó capall nó coinín nó cairpéad olla* nó . . .'

Is beag nár thit mé i laige* leis an strus a bhí mé tar éis a chur orm féin. Agus an cheist ba mhó a bhí ag déanamh imní dom – cá bhféadfadh sé dul? Is beag áit nach bhfuil olann nó fionnadh* de shórt

---

fear faire – *watchman*
brú – *shove*
Lá na nAmadán – *April Fool's Day*
leac an dorais – *doorstep*
reoite – *frozen*

dea-mhúinte – *polite*
cairpéad olla – *woollen carpet*
is beag nár thit mé i laige – *I nearly fainted*
fionnadh – *fur*

éigin ann. Tá mé cinnte go bhfuil cairpéid olla acu in Óstán an Shelbourne, an áit a raibh sé ag fanacht. Nó b'fhéidir nach raibh ailléirge air in aon chor. B'fhéidir gur chuala sé mé ag béicíl síos an fón nuair a chuala mé go raibh sé ag iarraidh teacht le cithfholcadh a bheith aige! Ní raibh a fhios agam ag an am go raibh sé ina sheasamh díreach taobh le m'fhear céile agus é ag glaoch orm. B'fhéidir gur scanraigh mé an fear bocht . . .

Tá daoine ann a déarfadh nár dhrochrud é amach is amach, mar bhí cuid den teach glanta agam, ar a laghad. Ach ní fíor sin, i ndáiríre, mar bhí gach rud brúite isteach trína chéile, gan ord ná eagar ar rud ar bith. Is ar éigean a bhí mé in ann doras ár seomra féin a oscailt, bhí an oiread sin rudaí ann.

Bhí mé ar buile liom féin go raibh an teach chomh mór sin trína chéile go raibh orm rith timpeall mar a bheadh gealt* ann toisc go raibh duine ag teacht leis an seomra folctha a úsáid. Ach níos measa fós, bhí mo riail féin sáraithe* agam: gan leithscéal a ghabháil le haon duine.

---

26    gealt – *mad person*
      sáraithe – *broken*

# Aistí Bia

## Borrowed Items 03/02/2018 10:57
### XXXXXX7839

| m Title | Due Date |
| --- | --- |
| airimí | 24/02/2018 |
| beal bocht : no an | 24/02/2018 |
| lleanach : drochsceal ar an | |
| ochshaol | |
| prariesNI | |

\*\*\*\*\*\*\*\*\*\*\*\*\*\*\*\*\*\*\*\*\*\*

ake your life easier
\*\*\*\*\*\*\*\*\*\*\*\*\*\*\*\*\*\*\*\*\*\*

# Libraries NI
Enniskillen Library
Hallis Lane
Enniskillen
BT74 7DR
Tel 028 6632 2886

Borrowed Items 11/01/2018 11:34
XXXXXX7839

| Item Title | Due Date |
| --- | --- |
| ...eireadh seachtaine ...aiceailte | 01/02/2018 |
| ...overbs in Gaelic : = ...anfhocail i nGaeilge | 01/02/2018 |

...brariesNI
\*\*\*\*\*\*\*\*\*\*\*\*\*\*\*\*\*\*\*\*\*\*

...ake your life easier
\*\*\*\*\*\*\*\*\*\*\*\*\*\*\*\*\*\*\*\*\*\*

...mail notifications are sent two days
...fore item due dates
...k staff to sign up for email

...mail info@librariesni.org.uk
...ww.librariesni.org.uk

Ba chúis díomá é nuair a phléimear dea-rúin* ag tús na bliana, an chéid, na mílaoise* nua. Is é an dea-rún is coitianta i measc na mban ná meáchan a chailleadh. Ba bhreá liom bheith in ann a rá nach raibh an rún céanna agam féin, ach bhí. Táim i bhfad níos troime anois ná mar a bhínn agus níl mé sásta leis sin. Is beag bean nár bhain triail as aiste bia am éigin ina saol.

Tá dhá cheist ann atá ag déanamh imní dom maidir leis seo ar fad: Cén fáth nach féidir linn a bheith sásta linn féin mar atáimid, ag tús mílaoise nua, agus cén fáth a bhfuil sé chomh deacair sin meáchan a chailleadh go fadtéarmach? Is féidir go bhfuil gaol idir an dá cheist.

Féachaimis ar an dara ceist ar dtús: cén deacracht atá le meáchan? Tá na milliúin leabhar ar an margadh ag plé leis an ábhar seo. Tagann aistí bia nua ar an margadh gach mí le cleasanna* nua. Is tionscal mór é. Tá aithne agam ar bhean a d'eagraigh 'ranganna' ina baile féin. Ag tús an

---

dea-rúin – *resolutions*
mílaois – *millennium*
cleasanna – *tricks*

téarma thomhaiseadh* sí agus mheádh* sí na daoine. D'admhaigh sí go gcuireadh sí lena* méid agus lena meáchan ag an tús ionas go gceapfaidís go raibh meáchan caillte acu ag deireadh an téarma – bealach éasca go leor le meáchan a chailleadh!

Ach i ndáiríre, níl aon rún ag baint leis. Tá a fhios ag an saol go gcaithfidh tú níos lú bia a ithe agus níos mó aclaíochta* a dhéanamh le meáchan a chailleadh. Rud atá sothuighe* ach dodhéanta*! Ní gá suimeanna móra airgid a chaitheamh le go mbeadh sé sin ar eolas agat.

Ach cén fáth a bhfuil sé chomh deacair sin? Is féidir go bhfuilimid ag éileamh an iomarca – déanaimid iarracht go leor meáchain a chailleadh agus téimid ar aiste bia. Cruthaíodh* nach mbíonn toradh air sin go fadtéarmach; chomh luath is a éirímid as an aiste bia cuirimid suas an meáchan arís agus, i mbeagnach gach cás, cuirimid suas níos mó meáchain gach uair. Leanann an ciorcal lochtach* seo ar aghaidh. Ní amháin go mbíonn an meáchan ar ais ach bímid in ísle brí* freisin.

Agus ní mór cuimhneamh air seo: tá anaireicse*

---

| | |
|---|---|
| thomhaiseadh – *measured* | dodhéanta – *hard to do* |
| mheádh – *and weighed* | cruthaíodh – *it was proven* |
| cuir le – *add to* | ciorcal lochtach – *vicious circle* |
| aclaíocht – *exercise* | in ísle brí – *depressed* |
| sothuighe – *easily understood* | anaireicse – *anorexia* |

ar 4,500 bean agus cailín in Éirinn agus tá búilime[*]
ar a dhá oiread sin[*]. Tá cineál éigin den dá
thinneas sin ar 150 fear in Éirinn. Cé go bhfuil sé
sin go dona, is léir gur fadhb í an anaireicse a
bhaineann leis na mná den chuid is mó. Ó tharla
gurb amhlaidh an scéal luíonn sé le ciall[*] gurb iad
na mná a chaithfidh teacht ar fhuascailt[*] na
faidhbe.

Tá seans maith ann go bhfuilimid ag déanamh
dochair dár sláinte ar bhealach eile freisin. Tá
fianaise[*] ann go bhfuil oistéaporóis[*] níos coitianta
i measc ban atá níos tanaí.

Fillimis ar an gcéad cheist, mar sin: Cén fáth nach
féidir linn bheith sásta linn féin mar atáimid? Cén
fáth a bhfuilimid míshásta ar an gcéad dul síos?

Níl aon fhreagra simplí ar an gceist sin. Is léir go
bhfuilimid faoi bhrú uafásach ó thionscal an fhaisin,
go háirithe mar a léirítear é sna hirisí agus sna meáin
chumarsáide[*] eile. Cuirtear na *Supermodels* inár
láthair agus is dócha go gcuirimid brú orainn féin
bheith cosúil leo.

Nach bhfuil sé truamhéalach[*] ar bhealach go
bhfuilimid chomh mór sin faoi bhrú ag a leithéid sa

---

búilime – *bulimia*  
dhá oiread sin – *twice as many*  
luíonn sé le ciall – *it stands to reason*  
fuascailt – *solving*  

fianaise – *evidence*  
oistéaporóis – *osteoporosis*  
meáin chumarsáide – *media*  
truamhéalach – *pathetic*

tsochaí* shofaisticiúil, más fíor, ina mairimid? Nach mbeadh sé iontach dá mbeimis in ann glacadh linn féin mar atáimid, fad is nach mbeadh cúrsaí meáchain ag cur isteach ar ár sláinte? Ar a laghad ansin, bhrisfí an ciorcal lochtach meáchain atá luaite agam. Is dócha nach bhfuil aon bhealach ann chun an ciorcal sin a bhriseadh ach glacadh lenár meáchan.

Mar sin de, is é an dea-rún atá molta inár rang ná bheith sásta linn féin mar atáimid, taitneamh a bhaint as cibé bia a ithimid agus as cibé aclaíocht a roghnaímid!

---

sochaí – *society*

# An tIonad Gleacaíochta

Lá breá gréine a bhí ann agus bheartaigh mé dul
amach ag siúl cois farraige.  Ghlaoigh mé ar bhean
a bhfuil aithne agam uirthi agus d'fiafraigh di ar
mhaith léi teacht liom.  Dúirt sí gur mhaith ach go
raibh sí faoi bhrú ama toisc go raibh sí ag dul go dtí
an t-ionad gleacaíochta.

'Is ball* den ionad gleacaíochta mé,' a mhínigh sí
dom, 'agus caithfidh mé luach* mo chuid airgid a
fháil.'

Cinnte.

'An bhfuil sé daor?'

'Tá, iontach daor.'

'Cé chomh minic is a théann tú ann?'

'Trí huaire in aghaidh na seachtaine.'

'Ceart go leor, bain taitneamh as.'

'Taitneamh?!'

Ar nós go leor daoine eile, téann sí ann trí huaire
sa tseachtain, ar a laghad.  Gléasann sí í féin ó bhun
go barr i Lycra, tiomáineann sí chuig an ionad
gleacaíochta, téann sí isteach agus siúlann sí nó

---

ball – *member*
luach – *value*

ritheann sí nó rothaíonn sí ar feadh uair an chloig
nó mar sin gan bogadh oiread is dhá throigh!
Téann sí suas agus síos gan cnoc ná casadh* a
fheiceáil. Is é an teilifíseán an radharc atá aici agus
is iad na fuaimeanna a chluineann sí ná fuaimeanna
an teilifíseáin nó an Walkman. Tar éis uair an
chloig, tiomáineann sí abhaile arís. Maith go leor,
ach íocann sí go daor as!

Tar éis é seo a phlé sa rang thángamar ar phlean
di. In ionad tiomáint go dtí an t-ionad gleacaíochta,
d'fhéadfadh sí siúl ann nó dul ar an rothar. In
ionad dul isteach san fhoirgneamh, d'fhéadfadh sí
rith síos suas na céimeanna taobh amuigh agus
ansin dul abhaile ag siúl nó ag rothaíocht arís. Agus
bheadh sé sin saor in aisce!

Os a choinne sin, d'fhéadfadh sí dul ag siúl cois
farraige nó i bpáirc álainn éigin sa chathair nó
amuigh faoin tuath. Bheadh radharc aici ar an
bhfarraige, nó ar na crainn, nó ar an tuath.
D'fhéadfadh sí éisteacht le ceol na n-éan.

Éiríonn níos mó ná leath na ndaoine a
fhaigheann dearbhán* don ionad gleacaíochta don
Nollaig as roimh dheireadh Mhí Feabhra. Nuair a

casadh – *turn*
dearbhán – *voucher*

chuirtear ceist orthu cén fáth, is minic a deir siad gur éirigh siad bréan de.

Arís smaoiníomar ar an dea-rún a rinneamar *taitneamh* a bhaint as cibé aclaíocht a roghnaímid.

An bhfuil bearna mhór i saol na ndaoine nach dtéann go dtí an t-ionad gleacaíochta? Cad é an rún mór faoi? Níl a fhios agam, ach rachadh sé dian orm* íoc as aclaíocht, nuair atá sí ar fáil saor in aisce.

Léigh mé alt sa nuachtán le déanaí, áfach, a thug leid dom faoin spéis a bhíonn ag fir sna hionaid ghleacaíochta. De réir suirbhé a rinneadh sna Stáit Aontaithe, ní dhéanann 20% de na fir aclaíocht ar bith, ach rachaidís go dtí an t-ionad gleacaíochta, dá mbeadh níos mó gnéis* le fáil acu dá bharr! Tuigim anois cén fáth a mbíonn scuainí móra carranna taobh amuigh de na hionaid spóirt is só.

---

rachadh sé dian orm – *I'd find it hard*
gnéas – *sex*

# Ré na Teicneolaíochta

Is cinnte go bhfuil ré na teicneolaíochta buailte linn agus ní féidir a shéanadh* gur rud maith é sin. Tá fón póca* agus ríomhaire* ag cuid mhór daoine in Éirinn anois, mar shampla.

Is maith is cuimhin liom an chéad uair a bhfaca mé fón póca. Bhí mé le cara i mbialann Shíneach* thart ar scór bliain ó shin agus d'fhiafraíomar den fhreastalaí* an raibh fón sa bhialann. Nár tháinig sé ar ais agus gléas ina lámh aige! Tá a fhios agam go maith nach dtuigfeadh aos óg an lae inniu an t-iontas a bhí orainn, ach ní raibh a fhios againn céard a bhí ar siúl ag an am. Bhí sé dochreidte* go bhféadfá fón a iompar go dtí an bord. Is beag nár thiteamar i laige agus muid ag gáire faoina leithéid.

Tharla rud den chineál sin do chara liom scór bliain ó shin freisin. Bhí coinne fiaclóra aici i gCearnóg Mhuirfean, nó áit ghalánta éigin mar sin. Bhuail sí cnag ar an doras agus chuala sí 'Cé atá ann?' ag teacht as áit éigin.

D'fhéach sí timpeall, ach ní fhaca sí aon duine. Ní

---

séanadh – *deny*
fón póca – *mobile phone*
ríomhaire – *computer*
Síneach – *Chinese*

freastalaí – *waiter*
dochreidte – *incredible*

raibh tuairim aici cad as a raibh an glór ag teacht. An t-aon rud amháin a chonaic sí ná murlán an dorais*.

Thosaigh sí ag caint leis. 'Em, mise' a dúirt sí go hamhrasach.

B'in a céadchaidreamh* le hidirchum*!

Caithfidh mé a admháil nach bhfuil mé rómhaith ag plé le cúrsaí teicneolaíochta. B'fhearr liom an seanchóras i mbeagnach gach cás. B'fhearr liom an seanchóras sa leabharlann, mar shampla, nuair a bhíodh orainn an leabhar a chuardach faoi ainm an údair i dtarraiceán*. Ní dóigh liom gur úsáid mé ríomhaire i leabharlann riamh.

Ach thar aon ní eile chuireadh na hinnill phas uamhan* orm. Níl mé rómhaith ag cuimhneamh ar uimhreacha. Mar sin de, níor bhac mé leis an uimhir aitheantais phearsanta* a chur de ghlanmheabhair* agus bheartaigh mé gan an áis* sin a úsáid go deo. D'éirigh go breá liom gan é.

Ach tharla sé go raibh duine de mo chuid cairde tinn díreach roimh an Nollaig 1999 (tá an dáta tábhachtach). Bhí airgead ag teastáil uaithi agus ós rud é nach raibh sí ábalta dul amach d'iarr sí ormsa airgead a fháil ón 'bpoll sa bhalla' di. Bhí orm a

murlán an dorais – *door-knob*
céadchaidreamh – *first encounter*
idirchum – *intercom*
tarraiceán – *drawer*
uamhan – *terror*

uimhir aitheantais phearsanta –
　*PIN number*
de ghlanmheabhair – *off by heart*
áis – *facility*

admháil nach raibh scil ar bith agam ina leithéid de rud.

Ag an am céanna, bhí mé ag iarraidh cabhrú léi agus ní raibh mé ag iarraidh gur díol trua* amach is amach a bheadh ionam. Ghlac mé leis an bpíosa páipéir, mar sin de, leis an uimhir aitheantais phearsanta agus thug sí treoracha* an-chruinne dom.

Mhínigh sí go beacht* é: 'Brúigh na cnaipí agus cuir isteach na náideanna go léir. Tá sé sin tábhachtach ar eagla go bhfaighfeá £20 nó £2 in ionad £200.'

Mar sin de, ós rud é go raibh £200 ag teastáil uaithi, bhí orm £200.00 a chur isteach. Caithfidh mé a rá go raibh mé ag cur allais agus an uimhir i lámh amháin agam agus na treoracha sa lámh eile. Ach tharla gach rud mar a dúirt sí. Bhí mé ar mo shuaimhneas* ag féachaint timpeall orm ar nós cuma liom, ag ceapadh gur shaineolaí amach is amach mé agus gurbh amaideach an mhaise dom bheith imníoch faoin teicneolaíocht. Go tobann cuireadh fógra ar an scáileán:

---

díol trua – *pathetic case*
treoracha – *instructions*
go beacht – *exactly*
ar mo shuaimhneas – *relaxed*

## Ready for 2000

In ainm Dé! £2000! Nár chuir mé isteach na huimhreacha i gceart leis na poncanna* cearta?

Thosaigh mé ag bárcadh allais ansin, fad is a bhí mé ag iarraidh an t-airgead a bhrú isteach san inneall arís. Agus mé báite le hallas, thug mé faoi deara nach raibh £ roimh an 2000 agus gur ag tagairt don bhliain a bhí sé! Bhí mé i mo staicín áiféise* amach is amach.

poncanna – *points*
staicín áiféise – *laughing stock*

Fóin Phóca

Is iontach an gléas* é an fón póca, gan aon amhras. Le linn m'óige is cuimhin liom cara ag ligean uirthi go raibh fón ag a Mam ina carr – an saghas maímh* a dhéanann páistí faoi rudaí nach bhfuil fíor ar chor ar bith. Nuair a bhí orainn a shamhlú conas a bheadh an domhan sa bhliain 2000, shamhlaíomar go mbeadh fón ag gach duine agus go bhféadfaí dul i dteagmháil le duine ar bith ag am ar bith in áit ar bith. Agus féach, bhí an ceart againn.

Nach iontach an tsaoirse a thugann siad dúinn? Is cuma cá mbíonn tú, is féidir leat dul i dteagmháil le daoine. Nuair a théann déagóirí amach, is féidir leo glaoch ar an mbaile má chuirtear moill orthu. Is cinnte go mbraitheann mná i bhfad níos sábháilte le fón póca agus iad amuigh leo féin san oíche nuair a chliseann* an carr orthu, nó nuair a mhothaíonn siad go bhfuil siad i gcontúirt*. Ach os a choinne sin is féidir le daoine teacht ortsa freisin.

An bhfuil aon duine eile amuigh ansin a bhraitheann nach bhfuil aon éalú* ó na fóin phóca?

---

gléas – *device*
maíomh – *boasting*
cliseann – *breaks down*

contúirt – *danger*
éalú – *escape*

47

Ní bhíonn aon leithscéal againn a thuilleadh – ní fiú a rá nach bhfuair tú litir nuair is féidir teacht ort ceithre huaire fichead sa lá ar an bhfón póca nó teachtaireacht* a fhágáil ar an inneall freagartha*.

Tógann daoine na fóin seo leo gach áit, fiú agus iad ag dul ar saoire. Is cinnte go loiteann* an fón póca laethanta saoire. An gá go mbeadh daoine in ann teacht ort i rith an ama? Nach féidir leo glacadh leis go díreach nach bhfuil tú san oifig? Ní sos ceart a bhíonn sa tsaoire má bhíonn teacht orainn an t-am ar fad.

Bhí scéal greannmhar ar an raidió le déanaí faoi dhuine a bhí ag taisteal ar an mbus go Corcaigh. Tharraing an fear seo fón póca amach chun glao a chur ar a chara.

'Haigh, Tom anseo. Cogar, tá an stuif agam. Tá gach rud go breá. Bí ag stáisiún na mbusanna . . . Cén t-am? . . . Leathuair tar éis a dó. Bí in am agus cibé rud a dhéanann tú ná déan dearmad ar an airgead!' Shocraigh sé síos ansin chun taitneamh a bhaint as an turas. Is cinnte gur cheap an mangaire* drugaí seo go raibh gléas an-áisiúil ina lámh aige. Ar an drochuair dósan, cé a bhí ina shuí taobh leis ach

---

teachtaireacht – *message*  loiteann – *spoils*
inneall freagartha – *answering-*  mangaire – *dealer*
  *machine*

duine ó scuad na ndrugaí a ghabh* é a luaithe a shroich siad Corcaigh!

Bíonn an-trua agam i gcónaí do mhná a théann ar bhusanna le páistí agus an trealamh breise sin go léir leo. Le déanaí, thug mé faoi deara bean le hualach mór málaí, trealaimh agus páistí. Bhí sí ag streachailt* agus í ag iarraidh teacht den bhus agus mar bharr ar an donas, bhí sí ag caint ar a fón póca. Saoirse nó daoirse*?

Tá dream eile ann a chuirfeadh soir thú*, na daoine sin a bhíonn ag caint ar an bhfón agus iad san ollmhargadh:

'Haigh, a Mhaighréad, Máire anseo. Tá mé san ollmhargadh. Beidh mé ag caint leat ar ball. Slán!'

Ansin, cúpla nóiméad ina dhiaidh sin:

'Haigh, Máire anseo arís. Tá mé díreach tar éis na hearraí a chur isteach sna málaí. Feicfidh mé thú ar ball.'

Nach mbeadh trua ag aon duine do Mhaighréad bhocht ar an bhfón eile?

Agus cad faoi na daoine sin a bhíonn ar an nguthán ar an mbus ag insint do dhuine éigin go bhfuil ceann scríbe* beagnach bainte amach acu . . .

---

ghabh – *arrested*
streachailt – *struggling*
daoirse – *slavery*

chuirfeadh soir thú – *drive you mad*
ceann scríbe – *destination*

go bhfuil siad ag teacht timpeall an chúinne . . . go bhfuil siad ag dul thar Supervalu, go bhfeiceann siad do charr . . . go bhfuil siad ann!

Agus maidir leis na daoine sin a bhíonn ag caint le chéile ar fhóin phóca ar an DART! Bhraithfeá nocht[*] ar an DART gan fón póca.

---

nocht – *naked*

# Macántacht

De réir dealraimh, cé go bhfuil an Tíogar Ceilteach (agus is fuath liom an téarma sin) i ndiaidh bheith ag rith thart sa tír seo le roinnt blianta anuas, tá a lán daoine ann atá mímhacánta[*].

Ní coirpigh[*] iad na daoine seo, nó ní thabharfaidís coirpigh orthu féin, ach gnáthdhaoine a mhaíonn, mar shampla, nach gceannaíonn siad ticéid ar an DART in am ar bith. Tosaíonn siad ag rith nuair a fheiceann siad an DART ag teacht, agus deir le fear na dticéad go gceannóidh siad an ticéad ag ceann scríbe. Nuair a shroicheann siad ceann scríbe deir siad gur chaill siad an ticéad. Minic go leor, is daoine fásta le páistí a dhéanann sin, rud a chiallaíonn go mbíonn ceathrar nó cúigear ag taisteal saor in aisce.

Tá daoine eile ann a théann timpeall an ollmhargaidh agus a ligeann dá gcuid páistí bia as an siopa a ithe. Ní íocann siad as na hearraí seo agus is dócha nach n-admhóidís dóibh féin fiú go bhfuil siad ag goid.

---

mímhacánta – *dishonest*
coirpigh – *criminals*

Chonaic cara liom bean ag cur turcaí reoite idir a dhá cos, suas faoina cóta, agus í ag iarraidh siúl amach as an siopa. D'éirigh léi, cé go raibh uirthi dreapadh thar bharra íseal. Glacaim leis go raibh sé ag teastáil go géar uaithi agus nach raibh mórán airgid aici, ach n'fheadar.

Tá daoine eile ann a chuireann éadaí nó bróga orthu i siopaí agus a shiúlann amach agus a gcuid seanéadaí fágtha ina ndiaidh.

Dúirt duine eile liom go bhfaca sí bean cuíosach ramhar á brú féin isteach i mbríste a bhí i bhfad róbheag di.

'Is maith liom an péire seo,' arsa an bhean.

'Em,' arsa duine dá cairde, 'nach dóigh leat go bhfuil an bríste sin beagáinín, em, cúng?'

'Á, beidh sé go breá.'

Cé gur léir do gach duine a bhí i láthair nach mbeadh sí ábalta é a chur uirthi, lean sí ar aghaidh. Bhí a cairde á gríosú*, agus iad ag gáire os ard:

'Maith thú, a Shíle, ar aghaidh leat!'

Is cinnte go raibh sé greannmhar ach stróic* an bríste faoi dheireadh. Cad a rinne sí ach an bríste a fhágáil ina diaidh. Amach as an siopa léi á rá nár thaitin an bríste léi ina dhiaidh sin is uile!

---

54   gríosú – *urging*
     stróic – *split*

Tá caitheamh aimsire ag daoine eile nach bhfuil mímhacánta, go díreach, ach a chuireann am daoine eile amú – is é sin dul isteach i siopa bróg, mar shampla, agus iarraidh ar an bhfreastalaí cúpla dosaen péire bróg a tharraingt anuas. Ansin, tar éis leathuair an chloig a chur amú, deir siad nár thaitin aon cheann leo.

Os a choinne sin, tá daoine ann atá thar a bheith macánta, rómhacánta, b'fhéidir.

Níl mé féin go maith i mbun cúrsaí airgid; ní raibh riamh agus is dócha nach mbeidh go deo. Ní bhíonn tuairim dá laghad agam cá mhéad airgid atá i mo chuntas bainc nó i mo phóca nó ar urlár mo sheomra leapa. Bíonn iontas orm gach mí nuair a thagann an ráiteas bainc isteach. Caithim an t-airgead de réir mar a thagann sé isteach agus éirím as bheith á chaitheamh am éigin thart ar lár na míosa.

Ach ní bhíonn gach duine mar sin. Tá roinnt daoine ann a mbíonn a fhios acu cá mhéad atá ar gach rud. Thabharfaidís faoi deara dá n-ardódh an bille seachtainiúil san ollmhargadh euro. Tá daoine eile ann a théann ó shiopa go siopa ag lorg na sicíní nó an spionáiste is saoire.

Ar aon nós, le filleadh ar an scéal, fuair mé

pingin lá amháin ar an urlár san oifig agus
d'fhiafraigh mé go scigiúil* de na daoine a bhí i
láthair ar chaill aon duine pingin.    Rinne a
bhformhór gáire liom.  Rinne mé scéal mór as, á rá
go raibh mé chun an phingin a chur isteach i
mbosca beag na mbocht.

'An bhfuil sibh go léir cinnte anois nár chaill aon
duine agaibh pingin?'

Ansin thug mé faoi deara go raibh bean ag
póirseáil* ina sparán.  Cúpla nóiméad ina dhiaidh
sin, d'fhógair sí:

'Tá    mé    tar    éis    comhaireamh    agus
athchomhaireamh a dhéanamh agus tá mé cinnte
gur liomsa an phingin, gur mise a chaill í . . .'

Bhí sí cinnte go raibh pingin in easnamh* uirthi.
Dona go leor gur thug sí faoi deara go raibh pingin
amháin in easnamh agus nach raibh náire uirthi sin
a admháil.  Ach mar bharr ar an donas, creid é nó
ná creid, chuaigh sí anonn chuig bosca na mbocht,
d'oscail é agus thóg an phingin as.

Lá dá raibh mo chlann ag argóint faoi airgead
d'inis mé an scéal sin dóibh agus ceapaim gur thuig
siad cad a bhí i gceist agam.  Tá súil le Dia agam
nach mbeidh siad chomh sprionlaithe* sin go deo.

---

go scigiúil – *mockingly*        in easnamh – *missing*
póirseáil – *rummaging*        sprionlaithe – *miserly*

# An tAos Óg agus Cúrsaí Spóirt

## LÁ SCLÉIPE
### Dé Sathairn

Fógra é sin a bhí in airde taobh amuigh de chlub spóirt do dhaoine óga. Feictear a leithéid go minic.

Nach iontach go mbeadh Lá Scléipe acu? Ach fan, páistí ó chúig bliana d'aois ar aghaidh atá i gceist – nár chóir go mbeadh gach lá ina 'lá scléipe' acu? Nach ionann na focail 'spórt' agus 'spraoi'?

An maith an rud é an chaoi a bhfuil cúrsaí ag dul maidir le spórt agus an t-aos óg? Nach féidir go bhfuil an iomarca béime ar iomaíocht?* Is mion minic a thosaíonn páistí óga ag imirt spóirt agus iad an-tógtha* leis. Ansin, go tobann, bíonn foireann i gceist agus mura bhfuil caighdeán sách ard ag an bpáiste, fágtar é nó í ar an taobhlíne ag breathnú ar an gcuid eile.

An bhfuil maitheas ar bith ansin? Nach mbeidís níos fearr as agus iad ag rith timpeall an ghairdín? Feictear an aicmíocht* seo i ngníomhaíochtaí go leor do pháistí, agus tuigeann na páistí go bhfuil sí ann.

Bhí leaid amháin ann a théadh síos go rialta ag

iomaíocht – *competition*
tógtha – *enthusiastic*
aicmíocht – *cliquishness*

traenáil sa chumann peile ach níor cuireadh ar an bhfoireann é. D'impigh* sé ar an traenálaí faoi dhó ligean dó imirt – fiú ar feadh cúpla nóiméad.

Diúltaíodh dó an dá uair. D'éirigh an leaid as an bpeil go hiomlán ina dhiaidh sin. Is cinnte nár shárimreoir* é ach smaoinigh ar an dochar* a rinneadh don leaid sin. Cén fáth? Mar bhí an baol ann go gcaillfidís an cluiche dá mbeadh sé ag imirt. Mo náire iad! Uaireanta is léir gurb iad na daoine 'fásta' a bhíonn ag imirt ón taobhlíne agus gurb é an rud is tábhachtaí ar fad ná an bua a fháil.

Os a choinne sin, bhí leaid amháin ann a bhí go maith ag imirt agus cuireadh ar an bhfoireann faoi 11 é nuair nach raibh sé ach 9 mbliana d'aois. B'fhearr leis gan a bheith ar an bhfoireann sin, ós rud é nach raibh a chairde leis. Nuair a d'iarr sé orthu é a aistriú, níor tugadh cead dó agus bhí na traenálaithe ar buile toisc nár thuig sé gur mhór an onóir dó bheith ar an bhfoireann sin!

Ní hé nach bhfuil mé i bhfabhar spóirt. Ceapaim go bhfuil sé thar a bheith tábhachtach. Ceapaim gur chóir go mbeadh i bhfad níos mó spóirt sna scoileanna agus gur chóir go mbeadh

impigh – *beg*
sárimreoir – *great player*
dochar – *harm*

corpoideachas chomh tábhachtach le gach ábhar eile sna meánscoileanna.

Bhí an t-ádh liomsa gur fhreastail mé ar scoil ina raibh ceithre thréimhse[*] corpoideachais againn in aghaidh na seachtaine. Ceapaim go bhfuil sé sin go hiontach. Ach is spórt do *chách*[*] atá i gceist agam. Tá tábhacht faoi leith le cluichí foirne agus glacaim leis go bhfuil sé thar a bheith tábhachtach scileanna foirne a fhoghlaim, ach ní gá go mbeadh an oiread sin iomaíochta i gceist.

Chomh maith leis sin tá go leor bealaí eile ann chun aclaíocht a dhéanamh. Cad faoi ghníomhaíochtaí eile – snámh, rothaíocht, sléibhteoireacht nó siúlóidí fiú? Is cuma cén tslí bheatha a roghnaímid, caithfimid aire a thabhairt dár gcorp.

Nach bhfuil seans níos fearr againn grá don spórt a chothú[*] i bpáistí má chuirimid an bhéim ar an spórt mar spraoi? Is dócha go mbeadh saol níos sláintiúla ann dá mbeadh níos mó daoine ag imirt spóirt éagsúla. Ach ba cheart i bhfad níos lú brú agus níos lú iomaíochta a bheith i gceist freisin, ionas go mbeadh gach lá ina 'Lá Scléipe'.

---

tréimhse – *period*
cách – *everyone*
cothú – *foster*

Cúrsaí Samhraidh

Tá méadú[*] ag teacht ar líon na gcúrsaí agus na gcampaí samhraidh agus iarscoile do pháistí. Féach ar an rogha a bhíonn ag páistí anois – idir chúrsaí spóirt agus cúrsaí ealaíne, caithfidh sé go mbíonn siad thar a bheith oilte agus cultúrtha. Is minic a bhíonn siad ag rith ó rang go rang agus ó chúrsa go cúrsa. Is cinnte gur maith an rud é go mbeadh rud éigin eagraithe ar bun acu seachas bheith ag breathnú ar an teilifís an lá ar fad, ach an gá gach uile nóiméad a líonadh?

Uaireanta bíonn drogall[*] ar dhaoine a admháil nach bhfuil a gcuid páistí ag déanamh go leor campaí samhraidh, nó ag foghlaim ceithre uirlis cheoil nó ag imirt cúig spórt. Is beag nach gcaitear leithscéal a dhéanamh má bhíonn siad ag súgradh sa bhaile.

Níor mhaith an rud é go mbeadh na laethanta saoire leadránach ach nach bhfuil páistí in ann a gcuid siamsaíochta[*] féin a eagrú? Is breá le páistí bheith ag súgradh i locháin cois farraige nó sna

---

méadú – *increase*
drogall – *reluctance*
siamsaíocht – *entertainment*

dumhcha*.  Níl costas dá laghad ag baint lena leithéid de thuras ach tá saoirse ann dóibh agus sin an rud is tábhachtaí.  Is dócha go bhfuil tairbhe* ag baint lena leithéid freisin.  Níl aon dabht faoi ach go gcothaítear samhlaíocht na bpáistí nuair a thugtar saoirse mar seo dóibh.

Sa lá atá inniu ann, cé go bhfuil go leor leor buntáistí ag ár bpáistí agus cé go bhfuil go leor áiseanna ar fáil, ní féidir linn mórán saoirse a thabhairt dóibh i ngnáthimeachtaí an lae.  Tá an saol tar éis éirí róchontúirteach agus ní féidir cead a gcinn a thabhairt dóibh faoi mar a dhéantaí blianta ó shin.

Déantar an-chuid cainte sa lá atá inniu ann faoi pháistí atá faoi bhrú ag an gcóras oideachais.  An féidir go bhfuilimid ag cur leis seo ag eagrú ranganna breise dóibh?  Minic go leor, tagann iomaíocht chun cinn go luath sna cúrsaí seo, rud a chuireann tuilleadh brú ar dhaoine atá in ainm is a bheith* ag baint taitnimh as rud, agus a chuireann le hísle brí na ndaoine nach bhfuil ag éirí go maith leo.

Dá bhrí sin nach tábhachtaí anois ná riamh go mbeadh saoirse áirithe acu nuair nach mbíonn siad

dumhcha – *sand-dunes*
tairbhe – *benefit*
in ainm is a bheith – *supposed to be*

faoi bhrú. Nár cheart go mbeidís saor lena rogha rud a dhéanamh agus nach gcaithfidís a laethanta 'saoire' a líonadh le cúrsaí 'oideachasúla'. Nár cheart go mbeidís in ann cur lena gcuid oideachais féin agus iad ag spraoi sa ghairdín nó ar an trá?

Má líonaimid gach nóiméad dóibh tá an baol ann go gcaillfidh siad na scileanna simplí sin agus in ionad a bheith ag cabhrú leo beimid ag cur sriain[*] lena bhforbairt.

---

cuir srian – *to impede, curtail*

# Scrúduithe

'Tá deacrachtaí éisteachta aige. Beidh deacrachtaí aige go deo. Seo ainm saineolaí. Slán.'

Bhí máthair an linbh sin trí chéile de bhrí go raibh an dochtúir sa chlinic drochmhúinte* léi. Labhair sí léi go borb* agus phléigh sí rudaí léi amhail is dá mbeadh sí ag labhairt le hóinseach. Luaigh sí ainm an dochtúra. Bhí aithne agamsa uirthi nuair a bhí sí ar scoil. Rinne sí an Ardteistiméireacht nuair a bhí an córas pointí i mbarr a réime. Fuair sí pointí an-arda agus ní raibh ceist ar bith ann ach go ndéanfadh sí cúrsa a raibh go leor pointí luaite leis – leigheas*. Sin an nós atá ann, má fhaigheann tú pointí arda ba chóir duit cúrsa mar sin a dhéanamh. Glactar leis gur cur amú tallainne é gan leigheas nó dlí nó ailtireacht* a dhéanamh – is cuma gan suim a bheith agat iontu.

D'éirigh thar cionn leis an gcailín seo san ollscoil de réir dealraimh ach níl sí in ann plé le gnáthdhaoine, rud ar gné an-tábhachtach d'obair an dochtúra é.

---

drochmhúinte – *rude*
borb – *rough*
leigheas – *medicine*
ailtireacht – *architecture*

Ní maith liom an chaoi a labhraíonn a lán dochtúirí le daoine. Is cinnte nach dtuigeann an gnáthdhuine téarmaí teicniúla ach tuigeann sé gnáthchaint agus tá sé de cheart aige go bpléifeadh an dochtúir leis le dínit agus le hómós. Agus, ar ndóigh, tá dochtúirí ann atá tuisceanach agus lách.

Tá a fhios agam go gcaithfidh an duine a dhéanann staidéar ar chúrsaí leighis a bheith éirimiúil[*] (ní bheadh an oiread sin muiníne agam as duine nár thuig cad is duán[*] ann!) ach ní leor sin. Tá i bhfad níos mó i gceist agus ní dóigh liom go dtugann an córas pointí seans do dhaoine na tréithe[*] eile atá ann a thaispeáint. Cinnte bheadh sé an-deacair tuiscint agus cineáltas agus tréithe mar sin a mheas[*], ach ceapaim go gcuireann an córas brú ar dhaoine a fhaigheann pointí arda dul i mbun leighis, nuair a bheidís níos sona ag déanamh cúrsa eile. Bheadh na hothair níos sona freisin sa chás sin.

Ag caint ar scrúduithe agus ar bhrú scrúduithe, nach cúis gháire é an chaoi a scríobhtar sna nuachtáin faoi na bealaí le plé leis an mbrú seo? Nach iad lucht na nuachtán atá ag cruthú an bhrú sin? Agus bíonn 'cabhair' ar fáil ar chláir raidió

72    éirimiúil – *intelligent*
      duán – *kidney*
      tréithe – *characteristics, qualities*
      meas – *to assess*

agus ar an idirlíon. Tá *The Little Book of Exam Calm* ar fáil anois. Caithfidh sé go gcuireann a leithéid le brú seachas a mhalairt.

Tá tionscal[*] nua tar éis teacht chun cinn de thoradh an bhrú sin – tionscal na gceachtanna príobháideacha. Má bhíonn deacracht faoi leith ag páiste, nó má chailleann sé nó sí go leor ama ar scoil, cabhraíonn 'ceachtanna príobháideacha' leis. Ní leigheas iad ar easpa oibre, áfach. Ceapann a lán daoine go réiteoidh na ceachtanna príobháideacha gach fadhb, ní gá ach íoc astu agus beidh leat[*].

Ar chlár raidió le déanaí, ghlaoigh cailín amháin isteach agus í ag gearán: 'Caithfidh mise dul amach ag obair i dteach tábhairne ar feadh trí huaire an chloig in aghaidh na seachtaine chun costas na gceachtanna príobháideacha a thuilleamh[*].'

Níor mhol aon duine di trí huaire an chloig a chaitheamh os cionn na leabhar ag staidéar, in ionad dul amach ag obair . . .

Tá an brú seo níos measa fós sa Ríocht Aontaithe. Tosaíonn sé i bhfad níos luaithe ansin. Mar shampla, téann na naíonáin ar scoil óna 9 go dtí a 4 gach lá! Cad a bhíonn ar siúl acu? Cuirtear an-bhéim ar

---

tionscal – *industry*
beidh leat – *you'll be fine*
tuilleamh – *to earn*

léitheoireacht luath agus ar scrúduithe iontrála. Caithfidh tuismitheoirí páistí sa naíonra* freastal ar chruinnithe tuismitheoirí/múinteoirí. Cad chuige an brú seo?

Tá gaol liom i Sasana agus d'admhaigh sé go raibh uafás* air gur lig mé do bheirt de mo chuid páistí dul anonn liom agus dhá lá scoile a chailleadh nuair a baistíodh a gcol ceathar. Ní hé go bhfuil mé ag moladh go gcaillfidís mórán ama ón scoil, ach tá mé lánchinnte de go bhfoghlaimíonn siad a lán rudaí taobh amuigh den seomra ranga freisin – chonaic duine de mo chuid féin doras na bhflaitheas ag oscailt lá amháin agus muid ag eitilt go Sasana. Sin rud nach bhfeiceann tú go rómhinic sa seomra ranga!

Tá súil le Dia agam nach bhfuilimid ag dul an treo céanna anseo in Éirinn. Bíonn sé dona go leor ag tráth na hArdteistiméireachta ach nach amaideach amach is amach é brú a bheith orthu agus iad ar an mbunscoil. Imíonn na blianta sin go sciobtha* – cén fáth a bhfuilimid ag iarraidh brú a chur orthu san aois sin? Chuala mé faoi bhean amháin a raibh díomá uirthi nach bhfuair siad grád ar an tuairisc scoile – sna Naíonáin Bheaga!

---

74  naíonra – *playschool*
uafás – *horror*
sciobtha – *quick*

Samhlaigh:

| | |
|---|---|
| Ag oscailt a cóta: | B |
| Ag crochadh suas a cóta: | B |
| Ag ithe a lóin: | A+ |

Ní dóigh liom gur fiú tuairisc a fháil in aon chor ag an staid sin, gan trácht ar ghrád.

Ar aon nós, caithfimid bheith an-chúramach faoi aon scrúdú ag an aois seo. Is féidir le páiste an freagra 'mícheart' a thabhairt agus teipfidh air nó uirthi, ach uaireanta bíonn loighic faoi leith ag baint leis an bhfreagra 'mícheart'.

Mar shampla, i gceann de na cluichí sin, 'Cad é an ceann corr*?', bhí pictiúr ann d'éan agus d'ainmhithe – ceithre cinn díobh. Ba é an freagra 'ceart' ná an t-éan, mar nach raibh ach dhá chos faoi. Ach phioc páiste amháin ceann de na hainmhithe eile, de bhrí nárbh ainmhí feirme é. Bhí an ceart aici, ach de réir an scrúdaithe bhí dul amú uirthi. Luíonn sé le ciall*, mar sin, gan an iomarca béime a chur ar scrúduithe ag an aois seo, ach am a thabhairt do na páistí forbairt ar a luas féin.

---

aimsigh – *find, spot*
corr – *odd*
luíonn sé le ciall – *it stands to reason*

# An Chéad Chomaoineach

'Cá mhéad a fuair tú?'

'An bhfuair tú mórán?'

Sin an saghas ceiste a chuirtear go rialta ar pháistí atá tar éis an Chéad Chomaoineach a dhéanamh.  Is ait an cheist í, ceapaim, ach sin mar atá.  Cheapfá gur gnó atá ann.

Cad atá taobh thiar den ábharachas* seo?  Bíonn iomaíocht i gceist freisin.  Impím féin ar ghaolta gan airgead a thabhairt do mo chuid páistí ar an ócáid seo.  Tá a fhios agam go bhfuil mé ag snámh in aghaidh an easa* agus seans maith nach n-aontaíonn na páistí liom, ach san aois sin bíonn siad fós soineanta* go leor agus taitníonn pictiúir naofa agus leabhair naofa agus dealbha beaga leo. Admhaím – cé nach n-aontaím leis – gur rud eile é an Cóineartú*.

Tá sé de nós ag go leor páistí maíomh as a gcuid 'pá'.  Is gnáthrud é sin, ar ndóigh, ach téann cuid acu thar fóir agus tugann siad an t-airgead isteach ar scoil.  Caithfidh sé go gcothaítear éad* agus fuath

---

ábharachas – *materialism*
snámh in aghaidh an easa – *swimming against the tide*
soineanta – *innocent*
Cóineartú – *Confirmation*
éad – *jealousy*

fiú, mar gheall air seo. Ní hiad seo go díreach na mothúcháin a bhíonn tuismitheoirí ag iarraidh a spreagadh i bpáistí ocht mbliana d'aois, go háirithe ag tráth na Comaoineach.

Tá costas an lae féin thar fóir freisin. Cloisim faoi dhaoine a théann thar lear roimh ré chun dath na gréine a fháil nó a théann le haghaidh cúpla babhta ar an leaba ghréine. Ansin bíonn na héadaí féin le ceannach; caitear suimeanna móra ar chultacha agus ar ghúnaí nach gcaitheann an páiste ach ar an lá sin agus ar an lá dár gcionn.

I bparóiste amháin bhí tuismitheoirí ar buile[*] nuair a mhol an sagart go gcaithfidís an éide scoile. De réir dealraimh, tagann roinnt páistí chun an tséipéil i gcóiste – ar nós Luaithríona[*]!

Tá cead ag daoine a gcuid airgid féin a chaitheamh mar is mian leo, ar ndóigh. Ach is é an rud is brónaí faoi ná go dtéann daoine i bhfiacha[*] ionas go mbeidh gach rud galánta ar an lá. Tá fianaise ann go dtarlaíonn sé sin. De réir oibrí sóisialta amháin, eascraíonn[*] fadhbanna airgid in go leor teaghlach nuair a dhéanann an chéad iníon a Céad Chomaoineach. Nach bocht an scéal é?

ar buile – *furious*
Luaithríona – *Cinderella*
fiacha – *debts*
eascraíonn – *arises*

Luaigh máthair thraochta* amháin go raibh an Chéad Chomaoineach níos 'measa' ná bainis.

Ba cheart do na tuismitheoirí a bheith réasúnta ciallmhar faoin gceist. Is ócáid álainn í. Nach mór an trua í a mhilleadh* le seafóid?

traochta – *exhausted*
milleadh – *spoil*

Lucha

Nuair a tharlaíonn sé duitse, déanann tú iarracht é a choinneáil faoi rún, mar bíonn náire ort. Ansin, de réir a chéile, tuigeann tú nach tusa an t-aon duine amháin atá sa chás céanna. Ní raibh lucha sa teach againn riamh go dtí go bhfuaireamar madra. Cheap mé go gcosnódh* an madra sinn ar a leithéid – ach a mhalairt ar fad a tharla. Ceapaimid anois gur lig an madra isteach na lucha, gur chuir sé fáilte rompu agus gur thaispeáin sé na háiteanna is teolaí* sa teach dóibh.

Nuair a thugamar faoi deara go raibh lucha againn, bhí deacrachtaí againn. Ní aontaíonn fear an tí le haon saghas cruálachta*. Ní hé go bhfuil bean an tí i bhfábhar cruálachta, ach nuair is crua don chailleach* . . .

Ar aon nós, cheap an fear maith gur leor boladh cait sa teach lena ruaigeadh. Ba é an t-aon fhadhb amháin leis sin ná nach raibh cat againn. Bhí orainn cat a fháil ar iasacht. Tharla go raibh cat ag an bhfeighlí páistí.* D'iarramar uirthi an cat a thabhairt

---

cosain – *defend*
teolaí – *cosy*
cruálacht – *cruelty*

nuair is crua don chailleach –
*when push comes to shove*
feighlí páistí – *baby-sitter*

85

léi nuair a bheadh sí ag teacht anuas chun aire a thabhairt do na páistí. Thug mé síob* di féin agus don ainmhí. Ar an drochuair, ní thaitníonn taisteal le cait agus rinne an créatúr a mhún* sa charr.

Má tá aon duine amuigh ansin nach bhfuil a fhios aige nó aici a uafásaí* atá mún cait, creid uaimse é, tá sé bréan. Agus maireann* an boladh ar feadh míonna! Bhí orm gach fuinneog agus gach doras a fhágáil ar oscailt an samhradh ar fad. Seo liosta de na rudaí nach raibh maith ar bith iontu agus mé ag iarraidh fáil réidh leis an mboladh: Flash, Dettox, Air Freshener, Haze, Jeyes Fluid . . .

Ar aon nós, bhí an cat bocht chomh scanraithe sin gur fhan sí sa chúinne an oíche ar fad agus ba bheag an chabhair í. Thuigeamar go raibh orainn triail a bhaint as bealach éigin eile.

'Cad faoi ghaistí cineálta?' a mhol fear an tí.

'Gaistí cineálta?'

'Mealltar* an luch isteach i mbosca agus a luaithe a bhíonn sí istigh, dúntar doras an bhosca, gan aon dochar a dhéanamh don luch.'

Rinne mé iarracht ceann a cheannach i siopa crua-earraí ach thosaigh an bhean ag gáire fúm.

---

86   síob – *lift*        maireann – *lasts*
a uafásaí – *how awful*     gaiste cineálta – *humane trap*
mún – *urine*            meall – *lure*

'Cad faoin ngléas leictreonach seo a ligeann feadaíl* an-ard as nach gcloiseann daoine ach a chuireann as do lucha?' a mhol sí. 'Ní féidir leo cur suas leis an bhfuaim ard agus fágann siad an teach. Ní chosnaíonn sé ach €30!'

Arís bhí mé toilteanach triail a bhaint as. Ar an drochuair, cheap na lucha gur saghas Riverdance Luch a bhí sa ghléas agus tháinig siad amach chun damhsa. Níor scanraigh sé iad in aon chor.

Faoi dheireadh d'éirigh linn na gaistí cineálta a cheannach ar €5. Chuireamar rudaí deasa sna boscaí chun na lucha a mhealladh. Mealladh na lucha ceart go leor, agus bhain siad an-taitneamh as na sólaistí* a chuireamar ar fáil dóibh, ach níor fhan siad sna boscaí. An gcreidfeá cad a rinne siad i mbosca amháin? Thosaigh siad ag tógáil neide!*

Lá amháin, thugamar faoi deara go raibh ceann de na boscaí dúnta agus bhí sceitimíní ar gach duine. An plean a bhí againn ná an luch a scaoileadh saor i bpáirc in aice an tí. Bhí na páistí breá sásta dráma mór a dhéanamh den scéal. Bhí cúpla cara dá gcuid le teacht, fiú amháin, chun bheith ina bhfinéithe* ar an éalú mór seo.

---

feadaíl – *whistle*
sólaistí – *treats*
nead – *nest*
bheith ina bhfinéithe – *to witness*

Ar an drochuair (arís) d'éalaigh an luch isteach sa chistin cionn is nach raibh doras an bhosca dúnta i gceart. Bhí an luch, na páistí, an madra agus an mháthair ag rith timpeall na cistine. Bhí an mháthair chomh scanraithe sin gur oscail sí doras na cistine chun éalú ón luch. Ar an drochuair (arís eile) bhí an luch níos tapa ná í agus d'éalaigh an luch. Bhí cúrsaí i bhfad níos measa anois mar ní raibh a fhios againn cá raibh sí imithe.

Filleann daoine ar an gcreideamh agus iad i gcruachás. Mhol gaol cráifeach amháin dúinn:

'Iarr ar Naomh Máirtín fáil réidh leo. Cuirigí cúpla pictiúr de Naomh Máirtín timpeall na háite, b'fhéidir go ndéanfaidh sé sin an gnó . . . tá sé an-cheanúil ar ainmhithe!' a mhínigh sí.

Chrochamar cúpla pictiúr de Naomh Máirtín timpeall na háite mar aon le cúpla fógra deas ag impí go béasach* ar na lucha imeacht gan a thuilleadh moille*. (Ag féachaint siar ar an eachtra seo ar fad, is léir go raibh bean an tí an-fhoighneach ar fad).

Creid é nó ná creid, níor tugadh aon aird ar na pictiúir de Naomh Máirtín ná ar na fógraí dea-

---

go béasach – *politely*
gan a thuilleadh moille – *without further delay*

mhúinte. Bhris an fhoighne ar bhean an tí agus cheannaigh sí gaiste* den seandéanamh. Is maith le lucha seacláid. D'éirigh liom. Rug mé ar chúpla ceann. Caithfidh mé a admháil nár thaitin an obair liom agus gur bhraith mé cruálach nuair a chonaic mé go raibh siad an-bheag i ndáiríre, ach ní dóigh liom go raibh an dara rogha againn. Bhaineamar triail as na gaistí cineálta arís agus rugamar ar chúpla ceann ar an mbealach sin.

Scaoileamar leo ach is dócha gur fhill siad ar an teach níos sciobtha ná muidne. Tháinig deireadh leis an dráma faoi dheireadh. Níl a fhios agam cá mhéad luch a bhí sa teach, ach bhí go leor acu ann. Nuair a d'admhaigh mé go raibh an fhadhb sin againn, thosaigh go leor daoine ag insint a scéalta féin. Tá aithne agam ar bhean amháin, a bhfuil teach an-ghlan ar fad aici, agus bhí scór luch aici! Tá na staitisticí scanrúil: beirtear cúig luichín do gach luch bhaineann cúig huaire in aghaidh na bliana . . .

---

gaiste – *trap*

# Siopadóireacht

Is duine mé a chaitheann a lán airgid ach ní maith liom siopadóireacht. Nuair a théim isteach i siopa beag, seasaim ag an gcuntar agus ní f heictear mé. Is cuma cá f had a sheasaim ansin déantar neamhaird* díom agus tagann agus imíonn a lán daoine sula dtugann aon duine faoi deara go bhfuil mé ann.

Nuair a théim isteach in ollmhargadh ceannaím rudaí nach mbíonn uaim in aon chor. Ina theannta sin bíonn go leor de na hearraí ar sheilfeanna an-arda agus bíonn orm fanacht go dtí go dtagann fathach* éigin chun an stuif a f háil dom.

Ansin téim go dtí na scipéid* agus déanaim scrúdú beag ar na scuainí – cé acu is giorra? A luaithe a bhíonn scuaine roghnaithe agam, éiríonn an freastalaí as, nó bíonn duine ann romham nár mheáigh na torthaí, nó bíonn fadhb le seic. Is cúis iontais dom an chaoi a ndéanann daoine dearmad go gcaithfidh siad íoc as na hearraí agus nach dtosaíonn siad ag oscailt na málaí go dtí an nóiméad deireanach, an chaoi a gcaitheann siad go leor ama

---

déantar neamhaird díom – *I'm ignored*
fathach – *giant*
scipéad – *till*

ag cuardach sa sparán, nó an chaoi a dtarraingíonn siad amach seicleabhar, gan aon pheann acu nó gan a fhios acu cad é an dáta atá ann . . . Ansin faoi dheireadh tagaim go barr na scuaine.

Tá a fhios agam nach post iontach suimiúil é bheith ag pacáil, ach is annamh a thagann tú ar dhuine a thuigeann nár chóir leacht níocháin[*] a chur isteach leis na trátaí. Cuirtear feoil amh[*] taobh le feoil a ndearnadh cócaireacht uirthi, agus cuirtear cannaí stáin ina suí ar an arán agus ar na bananaí. Mhol bean amháin a bhfuil aithne agam uirthi go mbeadh sé i bhfad níos fearr dá gcabhróidís leat na hearraí a thógáil amach as an tralaí ionas go mbeifeása saor chun iad a eagrú i gceart, seachas iad a bheith ag caitheamh gach rud isteach i mullach a chéile.

Is fuath liom é nuair a dhéanann an freastalaí tagairt[*] don stuif atá sa tralaí. B'fhearr liom dá ndéanfaidís neamhshuim[*] de. Tharla eachtra a chuir aiféaltas[*] orm lá amháin san ollmhargadh. Chonaic mé fo-éadaí[*] ar phraghas speisialta (ní cheannóinn a leithéid in ollmhargadh, de ghnáth) agus chuir mé sa tralaí iad. Bhí rud éigin cearr leis

---

leacht níocháin – *washing-up liquid*
amh – *raw*
tagairt – *reference*

neamhshuim a dhéanamh de – *to ignore*
aiféaltas – *embarrassment*
fo-éadaí – *underwear*

an scanóir agus nuair a fuair mé an admháil bhí €1,124 nó rud éigin mar sin scríofa air. An rud ba ghreannmhaire faoi ná nár thug an cúntóir faoi deara é.

'Ceapaim go bhfuil botún éigin ann maidir leis an mbille,' arsa mise agus d'fhéach sí air.

'*Give me back those briefs!*' a scread sí, agus bhí ar an leaid bocht a bhí ag pacáil dul trí na málaí go dtí gur tháinig sé orthu. Ar ndóigh, faoin am sin bhí suim na ndaoine sa scuaine múscailte.[*] Bhí náire an domhain orm, agus ní bhacfaidh mé le margadh maith arís.

Cé go bhfuil go leor áiseanna sna hollmhargaí agus go mbíonn siad de shíor ag iarraidh feabhas a chur ar an leagan amach, níl mé cinnte an bhfuil cúrsaí níos fearr don chustaiméir. Tóg, mar shampla, an chaoi nach scríobhtar na praghsanna ar earraí a thuilleadh. Bhíodh sé éasca go leor féachaint ar an admháil agus ansin féachaint ar an bpraghas a bhí greamaithe den earra, agus má bhí botún ann bhí sé soiléir. Anois, má cheapann tú go bhfuil botún déanta caithfidh tú na fógraí beaga ar na seilfeanna a chur de ghlanmheabhair agus iad a

---

múscail – *awaken*

chur i gcomparáid leis an bpraghas atá scríofa ar an admháil. Ní dóigh liom go bhfuil sé sin ró-éasca don seanduine agus é nó í ag dul timpeall an ollmhargaidh.

Seans gurb é fuascailt na faidhbe ná dul ag siopadóireacht ar an idirlíon agus, i gcás an chustaiméara seo, leigheas a fháil ar an bhfóibe* atá uirthi faoi chúrsaí teicneolaíochta.

fóibe – *phobia*

Cúpla Focal

Le roinnt blianta anuas tá suaitheantas[*] ann a dhear scoláire óg agus atá dírithe ar fhoghlaimeoirí na Gaeilge. 'Cúpla Focal' atá scríofa air. Is dócha go n-aithníonn gach foghlaimeoir é. Léiríonn sé go bhfuil cúpla focal, ar a laghad, agat agus go bhfuil tú toilteanach[*] Gaeilge a labhairt. Molaim an suaitheantas seo go hard. Is é an fhadhb is mó i measc foghlaimeoirí, dar liom, ná nach mbíonn dóthain muiníne[*] acu astu féin.

Ritheann sé liom arís agus arís eile agus mé ag múineadh Gaeilge do dhaoine fásta, go gcuireann easpa muiníne bac ar dhaoine Gaeilge a labhairt. Bíonn an-eagla ar dhaoine go ndéanfaidh siad botún, nó go dtiocfaidh na focail amach san ord mícheart. Níl a fhios agam conas a thosaigh an eagla seo ina n-intinn ach is namhaid[*] í. Ní féidir teanga a fhoghlaim gan botún a dhéanamh. Deirtear gur rud gleoite[*] é nuair a dhéanann páiste botún. Nach ndéantar go leor botún sa Bhéarla? Is dócha go ndeachaigh drochthaithí na scoile i

---

suaitheantas – *badge*  
toilteanach – *willing*  
muinín – *confidence*

namhaid – *enemy*  
gleoite – *cute*

bhfeidhm orainn uile; is dócha go bhfeicimid fós peann dearg an mhúinteora inár         n-aigne ag ceartú na mbotún.  Ach i ngnáthchúrsaí an lae ní bhactar leis an bpeann dearg.

Is í an chumarsáid* bun agus barr an scéil.  Má bhíonn cumarsáid ann, fásfaidh an mhuinín agus le muinín tiocfaidh feabhas ar chumas Gaeilge an duine.

Ar an ábhar sin ba chóir d'fhoghlaimeoirí bheith misniúil*, an 'Cúpla Focal' a úsáid agus bheith sásta labhairt le daoine eile.  Cuir an t-uamhan roimh bhotúin taobh thiar díot agus bain taitneamh as an teanga.  Agus ná déan dearmad gur féidir gáire a dhéanamh trí Ghaeilge freisin: 'Gaeilge le Gáire!'

cumarsáid – *communication*
misniúil – *brave*

# Foclóirín

| | |
|---|---|
| aclaíocht | *exercise* |
| aicmíocht | *cliquishness* |
| aiféaltas | *embarrassment* |
| aimsigh | *find, spot* |
| ainneoin, in a. | *despite* |
| airigh, a. ó | *to miss* |
| áisiúil | *handy* |
| áitigh ar | *to persuade* |
| allas, ag cur a. | *sweating* |
| amh | *raw* |
| amhail is | *as if* |
| amhlaidh | *in this way* |
| arracht | *monster* |
| athchúrsáil | *recycle* |
| | |
| babhta | *turn* |
| bailigh | *to collect* |
| bainis | *wedding* |
| ball | *member* |
| banda snámha | *arm band* |
| baol | *danger* |
| barrúil | *funny* |
| beacht, go b. | *exactly* |
| béasach | *polite* |
| béic | *to shout* |
| béim | *emphasis* |
| bog | *to move* |
| boladh | *smell* |
| borb | *rough* |
| bréan | *rotten* |
| bréan de | *tired of* |
| breathnaigh | *to look* |
| brí, in ísle b. | *depressed* |
| brú | *pressure* |
| brúigh | *to push/ shove* |

| | |
|---|---|
| buachan | *winning* |
| buile, ar b. | *mad* |
| bunaithe ar | *based on* |
| | |
| cách | *everyone* |
| caighdeán | *standard* |
| caill | *to lose* |
| cáin, oifig chánach | *tax, t. office* |
| cairrín | *buggy* |
| cairtchlár | *cardboard* |
| caoi, c. a chur ar | *to tidy* |
| carn | *heap, pile* |
| casadh | *turn, bend* |
| ceann scríbe | *destination* |
| ceanúil ar | *fond of* |
| choíche | *ever* |
| ciall, luíonn sé le c. | *it stands to reason* |
| ciallmhar | *sensible* |
| cinntigh | *to make sure* |
| ciorcal lochtach | *vicious* |
| cithfholcadh | *shower* |
| cleas | *trick* |
| cléireach | *clerk* |
| clis, chlis an carr air | *to fail, the car broke down* |
| | |
| clogad | *helmet* |
| clúidín | *nappy* |
| cnaipe | *button* |
| Cóineartú | *Confirmation* |
| coinne | *appointment* |
| coinne, gan c. | *unexpectedly* |
| coirpeach | *criminal* |
| coitianta | *common* |
| comhaireamh, ag c. | *counting* |
| comhairle | *advice* |

| | |
|---|---|
| comhrá | *conversation* |
| comórtas | *contest* |
| contúirteach | *dangerous* |
| corr | *odd* |
| cosain | *to defend/ to cost* |
| cothaigh | *to promote* |
| cruálacht | *cruelty* |
| cruinn | *exact* |
| cruthaigh | *to prove* |
| cuairteoir | *visitor* |
| cuardaigh | *to search* |
| cuir le | *to add to* |
| | |
| daoirse | *slavery* |
| deacracht | *difficulty* |
| dealbh | *statue* |
| dear | *to design* |
| dea-rún | *resolution* |
| dian, rachadh sé dian orm | *I'd find it hard* |
| dínit | *dignity* |
| díol trua, bhcith i do dh. t. | *to be pathetic* |
| diongbháilte | *firm* |
| díospóireacht | *debate* |
| dírigh ar | *intended for* |
| diúltaigh do | *to refuse* |
| dóchasach | *optimistic* |
| dochreidte | *incredible* |
| dofheicthe | *invisible* |
| doirt | *to pour* |
| dóite | *burnt* |
| dream | *group* |
| dreap | *to climb* |
| drochuair, ar an d. | *unfortunately* |
| drogall, d. a bheith ort | *to be reluctant* |
| dumhach | *sand-dune* |

| | |
|---|---|
| eachtra | *incident* |
| eagraigh | *to organise* |
| eagraithe | *organised* |
| éalú | *escape* |
| eas, ag snámh in aghaidh an easa | *to swim against the tide* |
| easnamh, in e. | *missing* |
| éide scoile | *school uniform* |
| éigean, is ar é. | *barely* |
| éigeantach | *compulsory* |
| éileamh | *demand* |
| éirigh as | *to give up* |
| éirigh le | *to succeed* |
| éirimiúil | *intelligent* |
| eisceachtúil | *exceptional* |
| eolaí | *scientist* |
| eolaíocht | *science* |
| | |
| feadaíl | *whistle* |
| feidhm, bheith i bhfeidhm | *to be in place* |
| feighlí páistí | *child minder* |
| fadtéarmach | *long-term* |
| fathach | *giant* |
| féach chuige | *to see to it* |
| fiach | *debt* |
| fianaise | *evidence* |
| fionnadh | *fur* |
| flaitheas | *heaven* |
| fógra | *notice* |
| foighne | *patience* |
| foighneach | *patient* |
| folcadh | *bath* |
| folúsghlantóir | *vacuum cleaner* |
| fón póca | *mobile phone* |
| forleathan, níos forleithne | *widespread* |

| | |
|---|---|
| freastail | *to serve/attend* |
| freastalaí | *assistant/waiter* |
| fuascailt | *solution* |
| | |
| gabh | *to arrest* |
| gáir chatha | *battle cry* |
| gaiste | *trap* |
| galánta | *elegant* |
| gealt | *mad person* |
| gearán, ag g. | *complaining* |
| gearr, níos giorra | *short(-er)* |
| glanmheabhair, rud a chur de gh. | *to memorise* |
| gleoite | *cute* |
| gnéas | *sex* |
| gníomhaíocht | *activity* |
| goid | *to steal* |
| greannmhar | *funny* |
| gríosaigh | *to encourage* |
| gruama | *gloomily* |
| | |
| iarracht a dhéanamh | *to make an effort* |
| ídigh | *to use up* |
| idirchum | *Intercom* |
| idirlíon | *internet* |
| impigh ar | *to beg* |
| inneall freagartha | *answering machine* |
| inneall níocháin | *washing machine* |
| iomaíocht | *competition* |
| ionann | *same* |
| | |
| Lá na nAmadán | *April Fool's Day* |
| lách | *nice, affable* |
| laghad, ar a l. | *at least* |
| laige, is beag nár thit mé i l. | *faint, I nearly fainted* |
| leac, l. an dorais | *door-step* |

| | |
|---|---|
| leacht níocháin | *washing-up liquid* |
| leagan amach | *set-up* |
| leataobh, rud a chur ar l. | *to set sth. aside* |
| leictreonach | *electronic* |
| leigheas | *medicine, remedy* |
| leithscéal | *excuse* |
| líon | *to fill* |
| lochán | *pool* |
| loit | *to ruin* |
| luach | *value* |
| Luaithríona | *Cinderella* |
| luath, l. nó mall | *sooner ar later* |
| | |
| maíomh | *boasting* |
| mair | *to live/last* |
| malairt, a mhalairt | *opposite* |
| mana | *slogan* |
| mangaire | *dealer* |
| meáchan | *weight* |
| méadú | *increase* |
| meáigh | *to weigh* |
| meáin chumarsáide | *media* |
| meall | *to entice* |
| méid | *amount* |
| mílaois | *millennium* |
| mímhacánta | *dishonest* |
| mire, ar m. | *mad* |
| misneach | *courage* |
| misniúil | *courageous* |
| moill, gan a thuilleadh moille | *without further delay* |
| moladh | *praise* |
| muinín | *confidence* |
| múinte | *well-mannered* |
| múirín | *compost* |
| mún | *urine* |

| | |
|---|---|
| murlán | *knob* |
| múscail | *to awaken* |
| | |
| náid | *nought* |
| namhaid | *enemy* |
| nead | *nest* |
| neamhaird a thabhairt ar | *to ignore* |
| neamhfhoirmeálta | *informal* |
| neamhshuim | *lack of interest* |
| | |
| oiread, dhá o. | *twice as much* |
| oiread is | *as much as* |
| oiread, an oiread sin | *so much* |
| olann | *wool* |
| ómós | *respect* |
| ord, o. agus eagar | *order* |
| osteilgeoir | *overhead projector* |
| | |
| páirtí | *pair* |
| Péindlíthe | *penal laws* |
| plé | *discussion* |
| pléigh | *to discuss* |
| póirseáil, ag póirseáil | *rummaging* |
| ponc | *points* |
| Pol, an Pol Thuaidh | *The North Pole* |
| práinneach | *urgent* |
| preab | *jump, bounce* |
| préachta | *frozen* |
| | |
| réitigh | *to organise* |
| reoite | *frozen* |
| ríomhaire | *compute* |
| roimh i bhfad | *before long* |
| rún | *secret* |

| | |
|---|---|
| sách | *quite* |
| saineolaí | *expert* |
| samhlaigh | *imagine* |
| saor in aisce | *free* |
| sár- | *excellent* |
| sáraigh | *to break (exceed)* |
| scanraigh | *to frighten* |
| scanrúil | *frightening* |
| scaoil saor | *to release, to let loose* |
| sceitimíní a bheith ort | *to be excited* |
| scigiúil | *mockingly* |
| sciobtha | *quickly* |
| scipéad | *till* |
| scoileanna scairte | *hedge schools* |
| scoilt | *to split* |
| scrúdú, s. iontrála | *(entrance) exam* |
| scuad | *squad* |
| scuaine | *queue* |
| seachas | *apart from* |
| séan | *to deny* |
| siamsaíocht | *entertainment* |
| sín | *to stretch out* |
| síob | *lift* |
| slacht a choinneáil | *to keep tidy* |
| sliocht | *excerpt* |
| sochaí | *society* |
| soineanta | *innocent* |
| soir, chuirfeadh sé soir thú | *he'd drive you mad* |
| sólaistí | *snacks* |
| sparán | *purse* |
| spionáiste | *spinach* |
| spraoi | *fun* |
| spreagúil | *lively* |
| sprionlaithe | *miserly* |
| sroich | *to reach* |

| | |
|---|---|
| staicín aiféise | *laughing stock* |
| staid | *state* |
| stán, bia stáin | *tinned food* |
| streachail | *to struggle* |
| strus | *stress* |
| suaimhnigh | *to relax* |
| suaitheantas | *badge* |
| | |
| tagairt | *reference* |
| taistil | *to travel* |
| taitneamh | *pleasure* |
| taitneamhach | *pleasant* |
| tarraiceán | *drawer* |
| tarraing | *to pull/draw* |
| teachtaireacht | *message* |
| teaghlach | *household* |
| teagmháil | *contact* |
| téigh i bhfolach | *hide* |
| teoiriciúil | *theoretical* |
| teolaí | *cosy* |
| teorainn | *limit* |
| thuasluaite | *above-mentioned* |
| tionscal | *industry* |
| tógtha le | *enthusiastic about* |
| tolg | *sofa* |
| tomhas | *to measure* |
| tost, bheith i do th. | *to be silent* |
| trácht a dhéanamh ar rud | *to refer to sth.* |
| traenálaí | *trainer* |
| traochta | *exhausted* |
| tráta | *tomato* |
| trealamh | *equipment* |
| tréimhse | *a while/ period* |
| treo | *direction* |
| treoir | *instruction* |

| | |
|---|---|
| tuáille | *towel* |
| tuairisc | *report* |
| tuill | *to earn/deserve* |
| tuirling | *to land/get off* |
| tuisceanach | *understanding* |
| | |
| uafás | *horror* |
| uamhan | *dread* |
| uimhir | *number* |
| úrscéalaí | *novelist* |